BEI GRIN MACHT SICH WISSEN BEZAHLT

- Wir veröffentlichen Ihre Hausarbeit, Bachelor- und Masterarbeit

- Ihr eigenes eBook und Buch - weltweit in allen wichtigen Shops

- Verdienen Sie an jedem Verkauf

Jetzt bei www.GRIN.com hochladen und kostenlos publizieren

Bibliografische Information der Deutschen Nationalbibliothek:

Die Deutsche Bibliothek verzeichnet diese Publikation in der Deutschen Nationalbibliografie; detaillierte bibliografische Daten sind im Internet über http://dnb.d-nb.de/ abrufbar.

Dieses Werk sowie alle darin enthaltenen einzelnen Beiträge und Abbildungen sind urheberrechtlich geschützt. Jede Verwertung, die nicht ausdrücklich vom Urheberrechtsschutz zugelassen ist, bedarf der vorherigen Zustimmung des Verlages. Das gilt insbesondere für Vervielfältigungen, Bearbeitungen, Übersetzungen, Mikroverfilmungen, Auswertungen durch Datenbanken und für die Einspeicherung und Verarbeitung in elektronische Systeme. Alle Rechte, auch die des auszugsweisen Nachdrucks, der fotomechanischen Wiedergabe (einschließlich Mikrokopie) sowie der Auswertung durch Datenbanken oder ähnliche Einrichtungen, vorbehalten.

Impressum:

Copyright © 2016 GRIN Verlag, Open Publishing GmbH
Druck und Bindung: Books on Demand GmbH, Norderstedt Germany
ISBN: 978-3-668-24027-8

Dieses Buch bei GRIN:

http://www.grin.com/de/e-book/322675/verfremdungseffekte-in-brechts-die-heilige-johanna-der-schlachthoefe

Christina Meggiorini

Verfremdungseffekte in Brechts "Die heilige Johanna der Schlachthöfe" unter der Regie von Sebastian Baumgarten

GRIN Verlag

GRIN - Your knowledge has value

Der GRIN Verlag publiziert seit 1998 wissenschaftliche Arbeiten von Studenten, Hochschullehrern und anderen Akademikern als eBook und gedrucktes Buch. Die Verlagswebsite www.grin.com ist die ideale Plattform zur Veröffentlichung von Hausarbeiten, Abschlussarbeiten, wissenschaftlichen Aufsätzen, Dissertationen und Fachbüchern.

Besuchen Sie uns im Internet:

http://www.grin.com/

http://www.facebook.com/grincom

http://www.twitter.com/grin_com

Inhaltsverzeichnis

1. Einleitung..1
2. Verfremdungseffekt nach Brecht..1
   2.1 Begriffsherkunft...1
   2.2 Notwendigkeit der Verfremdung..3
      2.2.1 Historisierung...4
3. Inszenierungsanalyse...4
   3.1 Bühnenbau und Musik..5
   3.2 Kostüme und Maske..7
   3.3 Schauspiel..8
4. Fazit..10
5. Literaturverzeichnis...12

1. Einleitung

Das Stück *Die heilige Johanna der Schlachthöfe* ist das Ergebnis eines gemeinschaftlichen Schöpfungsprozesses von Bertold Brecht, Elisabeth Hauptmann, Hermann Borchardt und Emil Burri. Das Stück wurde von Radio Berlin am 11. April 1932 in einer stark gekürzten Hörspielfassung erstmals ausgestrahlt.[1] Brechts Bemühungen das Theaterstück auf die Bühne zu bringen scheiterten an der politisch schwierigen Situation. Es wurde erst am 30. April 1959 am Deutschen Schauspielhaus in Hamburg uraufgeführt, danach folgten zahlreiche weitere Inszenierungen. Sebastian Baumgarten brachte es 2012 erneut auf die Bühne und wurde damit ein Jahr später zum 50. Theatertreffen nach Berlin eingeladen, bei dem die bemerkenswertesten Theaterinszenierungen der Saison ausgezeichnet werden.

Brechts episches Theater beinhaltet viele Unterschiede zur dramatischen Form. Der elementarste, welcher eine Einfühlung des Zuschauers in die Darstellung verhindern soll, stellt die Einführung des Verfremdungseffektes dar.[2] In meiner Arbeit möchte ich der Fragestellung nachgehen, wie Baumgarten den Verfremdungseffekt in seiner Inszenierung interpretiert und integriert. Um eine Basis dafür zu schaffen ist es sinnvoll zuerst die Begrifflichkeit zu klären um dann über die Bedeutung der Verfremdung für das epische Theater zu einer Inszenierungsanalyse zu kommen. Die Inszenierungsanalyse behandelt diese Fragestellung anhand von ausgewählten Passagen und beansprucht nicht den Umfang einer Gesamtanalyse.

2. Verfremdungseffekt nach Brecht
2.1 Begriffsherkunft

Um sich ein genaues Bild von Brechts Verständnis der Verfremdung zu machen, bedarf es erstens einer Analyse der Begriffsherkunft und zweitens der Beantwortung der Frage, wieso Brecht ihn nicht nur für wichtig hält, sondern ihn als elementaren Baustein seiner umfassenden Theatertheorie und auch Praxis sieht.

Den Ausdruck *verfremden* benutzt Brecht 1936 zum ersten Mal. In früheren Schriften ist der Begriff *entfremden* dafür eingesetzt. Dabei kann man allerdings schon bemerken, dass beide Begriffe in ihrer Bedeutung sich selbst nicht ganz fremd sind.

---

[1] Grimm, Reinhold, Bertold Brecht, S. 19.

[2] Brecht, Bertold, Schriften zum Theater 3, S. 155.

So findet man im Duden als Definition von *entfremden*[3]

    a. bewirken, dass eine bestehende enge Beziehung aufgelöst wird, fremd machen
    b. nicht dem eigentlichen Zweck entsprechend verwenden
    c. sich innerlich von jemandem, etwas entfernen

Mit der Definition bei c. kommt man der Verwendung des späteren Verfremdungsbegriffs bei Brecht schon sehr nahe. Bis zur heutigen Verwendung war es allerdings ein weiter Weg der Entwicklung von der lateinischen Grundbedeutung, über Hegel und Feuerbach[4] bis hin zu Marx, der dem Begriff eine eindeutig negative Konnotation gibt und ihn mit seinen Wirtschaftstheorien und der daraus resultierenden Kapitalismuskritik verbindet.[5]

Ernst Schumacher stellte schon früh eine Verbindung des späteren Verfremdungsbegriffs bei Brecht und dem der Entfremdung bei Hegel und Marx her[6] und impliziert somit eine untrennbare Verbindung des Begriffs zu einem bestimmten politischen Standpunkt. Reinhold Grimm hingegen vertritt die Ansicht, dass die Verfremdung als Kunstgriff zu verstehen sei und freigestellt von jedem politischen Einfluss zur Anwendung gebracht werden könne. Alfred Schöne bezeichnete die Verfremdung bei Brecht als „deiktisches Formprinzip"[7], wodurch weder die Theorie von Schumacher noch die von Grimm gestützt wird. Für Grimm spricht, dass Arten der Verfremdung auch in früheren Theaterformen anzutreffen sind, wie im japanisch-chinesischen Theater. Dieses weist eindeutige Berührungspunkte mit Brechts Theorie auf, was er ausführlich im Essay *Verfremdungseffekte in der chinesischen Schauspielkunst* erörtert. Doch bei Brecht findet man im *Kleinen Organon für das Theater* in den einleitenden Passagen eindeutig kapitalismuskritisches Material[8]:

    Das gemeinsame gigantische Unternehmen, in dem sie engagiert sind, scheint sie mehr und mehr zu entzweien, Steigerungen der Produktion verursachen Steigerungen des Elends, und bei der Ausbeutung der Natur gewinnen nur einige wenige, und zwar dadurch, daß sie Menschen ausbeuten.

Im folgenden stützt sich Brecht auf diese Sichtweise und leitet daraus ab, dass das bestehende Theater nicht zu leisten vermag, was es seiner Ansicht nach sollte, das

---

[3] http://www.duden.de/node/812924/revisions/1313214/view.

[4] Vgl. Frankhauser, Gertrud, Verfremdung als Stilmittel vor und bei Brecht, S. 2.

[5] Springer Gabler Verlag (Hg.), Gabler Wirtschaftslexikon, Stichwort: Entfremdung.

[6] Vgl. Fischer, Matthias-Johannes, Brechts Theatertheorie, S. 244.

[7] Schöne, Albrecht, Bertold Brecht, Theatertheorie und dramatische Dichtung, S. 279.

[8] Brecht, Bertold, Schriften zum Theater 7, S. 18.

Publikum unterhalten und ihm gleichzeitig eine kritische Haltung zu dem Gezeigten ermöglichen. Diese Ansicht ist grundlegend um zu verstehen, wieso Brecht das bestehende Theater als Reformationsbedürftig erachtete.

2.2 Notwendigkeit der Verfremdung

Bei Brecht ist die Verfremdung das Grundgerüst, das Skelett seiner Theatertheorie. Er sah die Notwendigkeit zur Reformation des Theaters, weil das Theater so wie er es vorfand Strukturen der Gesellschaft, die auf der Bühne abgebildet wurden als unveränderlich durch die Gesellschaft, also die Zuschauer darstellte.[9]
Brecht brachte eine neue Form von Theater auf die Bühne das *epische Theater*, welches im Gegensatz zur dramatischen Form steht. In der dramatischen Form ist der Zuschauer passiv, steht mittendrin und erlebt das Geschehen mit. In der epischen Form ist dies der zu vermeidende Effekt. Das Publikum wird nicht in die Handlung hineinversetzt, sondern es wird ihm eine Außensicht ermöglicht. Diese neue Form des Theaters beinhaltete viele Neuerungen, welche aber alle dem Zweck dienten den Zuschauern einen nüchternen Blick auf Darstellungen komplizierter, gesellschaftlicher Vorgänge zu ermöglichen.[10] Im Zuge dessen ist die Verfremdung oder auch V-Effekt ein unerlässliches Mittel. Die Zuschauer sollen sich nicht in einer Illusion verlieren oder mit den Schauspielern mitempfinden.[11] Was im klassischen Theater auf der Bühne unabänderlich scheint wird durch die Verfremdung in ein anderes Licht gerückt.
Brechts Verfremdung ermöglicht den Zuschauern durch neue Methoden der Darstellung auf der Bühne außerdem einen ungewöhnlichen Blick auf Vertrautes.[12] Die Verfremdung findet dabei auf drei Ebenen statt. Erstens beim Schreiben eines Stückes, zweitens bei der Inszenierung und drittens durch das Schauspiel auf der Bühne.[13]
Das Prinzip der Verfremdung steht in engem Zusammenhang mit einem Verfahren, dass Brecht als *Historisierung* bezeichnet.

---

[9] Brecht, Bertold. Schriften zum Theater 7, S. 27.
[10] Ebd., S. 28.
[11] Ebd., S. 35.
[12] Ebd., S. 33.
[13] Vgl. Grimm, Reinhold. Bertold Brecht, S. 13.

2.2.1 Historisierung

Brechts episches Theater hebt die Unterschiede der gesellschaftlichen Strukturen in verschiedenen Zeitaltern hervor, um die Vorstellung von ewig bestehenden und somit unumstößlichen Strukturen zu durchbrechen.[14] Er lenkt die Aufmerksamkeit so auf ihre Vergänglichkeit, wodurch der Zuschauer erkennen soll, dass auch die aktuelle nicht unumstößlich ist, sondern wandelbar und von Menschen gemacht. Die Geschichte ist hier für Brecht nicht der eigentliche Gegenstand, sondern ein Werkzeug der Theatertechnik.[15] Die Historisierung soll uns das Verhalten der handelnden Personen verfremden. Stücke aus der eigenen Zeit werden als historische gespielt und somit werden die Bedingungen unter denen die Personen handeln als besondere erlebt. Dies ermöglicht den nötigen Abstand, welcher Grundlage jeder Kritik ist.

3. Inszenierungsanalyse

Bei dem Drama *Die heilige Johanna der Schlachthöfe*, welches Brecht gemeinschaftlich mit Elisabeth Hauptmann und Emil Blurri verfasste, ist der Verfremdungseffekt ebenfalls ein wichtiges Element. Das Anfang der 30er entstandene Werk wurde am 30.April 1959 in Hamburg uraufgeführt. Seitdem folgten eine Reihe weiterer Inszenierungen. Sebastian Baumgarten brachte das Stück 2012 erneut auf die Bühne am Schauspielhaus Zürich. Interessant ist die Analyse der Inszenierung vor allem im Hinblick auf die Umsetzung des Verfremdungseffekts, für den Brecht in seinen *Schriften zum Theater* ausführliche Anwendungsbeispiele gibt. Speziell die expliziten szenischen Zeichen sowohl die sprachlichen als auch nicht sprachlichen sollen zu dieser Untersuchung herangezogen werden. Die Analyse erfolg anhand der Aufzeichnung des ZDF/3sat im Haus der Berliner Festspiele im Rahmen des 50. Theatertreffens Berlin 2013. Die vorliegende Fassung enthält verschiedene filmische Gestaltungsmittel wie Nahaufnahmen und Schnitte. Die Berücksichtigung dieser würde den Rahmen dieser Arbeit überschreiten und findet im folgenden keine Beachtung. Die Analyse erfolgt rein auf dem Inszenierungskonzept. An dieser Stelle sei erwähnt dass *Inszenierung* hier ungleich zum Begriff der *Aufführung* verwendet wird. Während der Begriff der *Aufführung* das einmalige Ereignis bezeichnet, welches dann auch im Hinblick seiner

---

[14] Vgl. Ebd., S. 29.

[15] Vgl. Fang, Weigui. Brecht und Lu Xun, S. 35.

Einzigartigkeit zu bewerten wäre mit den zufälligen Versprechern der Schauspieler und eventueller spontanen Aktionen, wie sie beispielsweise im Improvisationstheater häufig zum Einsatz kommen, ist der Begriff der *Inszenierung* ein konzeptioneller.[16] Die Inszenierungsanalyse hingegen betrachtet das ästhetische Gesamtprodukt, die Konzeption wie sie vom Regisseur angedacht ist. Dazu wird im Rahmen dieser Arbeit Bühnenbau/Musik, Kostüme/Maske und das Schauspiel analysiert.

3.1 Bühnenbau und Musik

Die Bühne ist eine Vorbühne. Mit einem Steg, der in den Zuschauerraum hineinragt wodurch der Eindruck beim Zuschauer entsteht, dass der Darsteller eher „Teil des Zuschauerraumes ist".[17] Die Abtrennung zwischen Zuschauerraum und Spielstätte durch eine hintere und zwei Seitenwände wird während des Spiels durch verschiedene Einzüge von Vorhängen unterbrochen. Bis auf ein aufwändigeres Bühnenbild am Anfang, welches einem Westernsaloon[18] nachempfunden ist, bleiben die Bühnenbilder sehr zweidimensional. Im ganzen Verlauf des Stücks werden immer wieder auf eingeschobene Vorhänge oder auf den Hintergrund Filmsequenzen, Brechts Titelüberschriften oder Bilder projiziert. Diese stellen teilweise Requisiten dar oder werden als erklärende visuelle Einschübe genutzt. Es werden sogar Filmsequenzen eingeblendet in der Yvon Jansen zu sehen ist, obwohl sie als Johanna auf der Bühne steht.[19] Dieses *doppelte Vorhandensein* auf der Bühne ist die visuelle Darstellung von Brechts Auffassung des epischen Schauspiels, dass der Darsteller immer noch als er selbst erkennbar sein muss und somit *doppelt* auf der Bühne steht.[20] Dieses von Piscator eingeführte Projektionsverfahren verwandelt laut Brecht „die Bühne in einen Mitspieler".[21]

Dadurch wird die sonst nur indirekte Darstellung durch die Schauspieler ergänzt durch eine direkt an das Publikum gerichtete und somit epische.[22] Die Szenen welche bei

---

[16] Vgl. Balme, Christopher. Einführung in die Theaterwissenschaft, S. 87.

[17] Ebd., S. 144.

[18] Die heilige Johanna der Schlachthöfe. R.: Sebastian Baumgarten. D 2013. TC: 00:10:05.

[19] Ebd., TC: 01:30:45.

[20] Brecht, Bertold. Schriften zum Theater 7, S. 36.

[21] Brecht, Bertold. Schriften zum Theater 3, S. 257.

[22] Vgl. Schöne, Albrecht. Bertold Brecht, Theatertheorie und dramatische Dichtung, S. 276.

Brecht vor der Viehbörse spielen, werden von Baumgarten in einen Westernsaloon verlegt mit hintergründigem McDonalds-Logo passend zu den Cowboykostümen, welche die Schauspieler der Fleischfabrikanten tragen. Baumgarten setzt die Figuren in einen bildlich historischen Kontext mit neuzeitlichen Effekten und Elementen, was rein visuell schon eine gewisse Distanz zu den Zuschauern schafft. Baumgarten äußert sich dazu laut *Neue Zürcher Zeitung* so, dass „man dem Theater eine historische Schwere geben muss".[23] Neben dem Westernsaloon ist auch das Bühnenbild des Tempels der Black Strawhats kein projiziertes sondern ein in grellen Farben aufgemaltes mit Aussparungen, welche man öffnen kann. Die dadurch entstehenden komischen Momente schaffen ebenfalls Distanz.[24] Musikalisch wird das ganze Stück vom Pianisten Jean-Paul Brodbeck gestaltet. Nach Brecht kann die Musik in einem Theaterstück zwei Aufgaben erfüllen, entweder als selbstständiges Kunstmittel, welches in seiner Weise zu den Themen Stellung nimmt oder zweitens als abwechslungsreiche Unterhaltung.[25] Brodbecks Klavierspiel kann nicht als reine Begleitung bezeichnet werden, da die Mischung aus Jazz und Blues der 20er Jahre immer eine vordergründig Rolle spielt und nicht als Teil eines Gesamtkonzepts aufgeht. Die Musikrichtung ist damit zwar passend zur Zeit gewählt in der Brecht sein Stück spielen lässt, das Chicago der 20er Jahre, dennoch erfüllt sein Pianospiel eine Aufgabe. Es versetzt im richtigen Moment in die richtige Stimmung während die Szene auf der Bühne dargestellt wird, gibt dem Zuhörer somit das Gefühl, dass wichtige Szenen auch musikalisch kenntlich gemacht werden.[26] In den letzten Minuten geht Brodbecks Pianospiel in die Melodie zu Rammsteins *Haifisch* über und markiert nicht nur das Ende des Stücks, sondern auch einen ersten Bezug zur neuesten Zeit.[27] Die Musik bleibt also trotz ihrer Aufgabe eine Kunst für sich und trägt ihren Teil zum Stück bei ohne dabei nur Teil eines Gesamtkunstwerkes zu sein.

---

[23] Siehe dazu: Barbara Villinger Heilig, In: Neue Zürcher Zeitung, Brecht in Zürich.

[24] Die heilige Johanna der Schlachthöfe, TC: 00:50:56.

[25] Vgl. Brecht, Bertold, Schriften zum Theater 3, S. 53/54.

[26] Die heilige Johanna der Schlachthöfe, TC: 01:58:09-02:01:39.

[27] Ebd., TC: 02:01:40.

3.2 Kostüme und Maske

Die Kostüme der Darsteller kann man in jedem Falle als auffällig beschreiben. Passend zum ersten Bühnenbild tragen Mauler und Graham Cowboyhüte, Stiefel und lange Mäntel. Cridle trägt ebenfalls einen langen Mantel allerdings mit Schottenkaros, einen Zylinder und rote Halbhandschuhe. Lennox wird überhaupt nicht als Person dargestellt, sondern als Urne mit der Graham spricht, als könnte sie antworten. Was allen Dreien gemein ist, sind die auffälligen Halbmasken welche man schon aus Ruth Berghaus Inszenierungen kennt. Diese sind in weniger ausgeprägter Form auch bei anderen Bühnenfiguren erkennbar. Bei Brecht liegt es nahe bei den Masken auch an die Verwendung als *Charaktermasken* im Sinne von Marx zu denken, als Metapher für den entfremdeten Menschen schlechthin .[28] Somit entsteht ein doppelter Effekt, zum Einen die reine Verfremdung und der deutbar kapitalismuskritische. Der Makler Slift wird zu *Misses Slift*, eine in pink und rosa gekleidete Dame mit Highheels und grellem Make-up. Die Schwarzen Strohhüte tragen schwarze Uniformen mit Puffärmeln und schwarze Hüte mit überdimensionalen Krempen. Im Vergleich zu anderen Inszenierungen der Heiligen Johanna der Schlachthöfe wie etwa in Heidelberg unter der Regie von Holger Schultze oder des freien Theaters Bozen aus der Spielzeit 2012/13 sind die Kostüme aus der Inszenierung von Sebastian Baumgarten die buntesten und ausgefallensten. Dies ist im epischen Theater eher unüblich. Genau wie die Kargheit der Bühne und der sparsame Einsatz von Requisiten, sollten aufwändige Kostüme vermieden werden um nicht vom Wesentlichen abzulenken. Der Verfremdungseffekt wird hier durch die Kostüme aber nicht gebrochen, sondern durch das Zusammenspiel der Masken und die Überzeichnung der Charaktere durch die Kostüme potenziert. Baumgarten inszeniert trotz aller Unterschiede zu vorherigen Aufführungen der *Heiligen Johanna* nach den Vorgaben Brechts. Die gespielte Person auf der Bühne, soll „fremder gemacht werden, als eine beliebige Person auf der Straße".[29]

Der Mann, der im Originaltext eigentlich seine Hand verloren hat[30], wird in der Inszenierung so dargestellt, als hätte er seine Beine bei der Arbeit an einer Maschine verloren. Zuerst wird er in eine schwarze Tonne gesetzt, verlässt diese dann aber und

---

[28] Matzner, Jutta. Der Begriff der Charaktermaske bei Karl Marx, S. 132.

[29] Brecht, Bertold. Schriften zum Theater 3, S. 182.

[30] Brecht, Bertold. Die heilige Johanna der Schlachthöfe, S. 37.

läuft in weissen blutverschmierten Kniestrümpfen über die Bühne.[31] Frau Luckerniddle wird als Afrikanerin dargestellt, mehr in Tücher als Kleidung gehüllt. Geblackfaced mit Afro und französischem Akzent löste diese Darstellung nicht nur einen Effekt der Verfremdung, sondern auch eine Rassismusdebatte aus, zu der sich Vertreter von *Bühnenwatch*, aber auch Sebastian Baumgarten selbst äußerten.[32]

Im weiteren Verlauf des Stücks werden die Kostüme häufig gewechselt und Markus Scheumann steht als Mauler sogar fast nackt auf der Bühne als ihm Johanna das Gleichnis von Gott und Adam erzählt.[33] Johanna, die in dieser Szene direkt aus der *Tiefe* kommt steht in einem weissen Nachthemd und komplett mit Schlamm bedeckt dar. Die bis dahin eher historisch anmutende Kostümierung bekommt zum Schluss einen sehr modernen Charakter. Alle Darsteller außer die immer noch schlammbedeckte Johanna, die tot am Boden liegt, tragen Ganzkörperanzüge in den Farben der amerikanischen Flagge, welche als Schlussbild auf den Hintergrund projiziert wird. Baumgartens Verfremdungseffekte muten in ihrer überspitzten Darstellung schon fast einer Parodie an. Dennoch erfüllen sie ihren eigentlichen Zweck indem sie „den Gegenstand zwar erkennen, ihn aber doch zugleich fremd erscheinen lässt".[34]

3.3 Schauspiel

In Brechts Schriften zum Theater finden sich zahlreiche Ausführungen über die neuen Techniken des Schauspiels welche einen Verfremdungseffekt herbeiführen. Der elementare Grundgedanke, der jeder dieser Schauspieltechniken zugrunde liegt ist die Einfühlung des Publikums zu verhindern.[35] Der Schauspieler soll zwar das Verhalten der zu spielenden Person zeigen, es imitieren, sich dabei aber nicht selbst in die gespielte Person verwandeln.[36] Dies kann durch verschiedene Arten der Darstellung verhindert werden, welche in Baumgartens Inszenierung aktiv zum Einsatz kommen. So spielen die Schauspieler nicht nur ihre eigenen Rollen, sondern sprechen teilweise den

---

[31] Die heilige Johanna der Schlachthöfe, TC: 00:23:20-00:25:42.

[32] Siehe dazu: theatertreffen-blog.de, Kunstmittel oder Beleidigung? Vier Stimmen zum Blackfacing in der „Heiligen Johanna der Schlachthöfe".

[33] Die heilige Johanna der Schlachthöfe, TC: 01:06:35.

[34] Brecht, Bertold. Schriften zum Theater 7, S. 32.

[35] Brecht, Bertold. Schriften zum Theater 3, S. 156.

[36] Ebd., S. 157.

Text von anderen im Stück Mitwirkenden. Schon in der ersten Szene spricht Sean Mcdonagh in seiner Kostümierung des Majors der schwarzen Strohhüte den Text der Arbeiter. Auch die Packherren werden als Doppelrollen von Mauler, Graham und Cridle gesprochen.[37] Die Unterscheidung der Rollen wird dadurch erreicht, dass die Art zu Sprechen eine Andere ist. Während Cridle stottert und Mauler auffallend lispelt, ist Grahams Sprache geprägt durch die jiddische Aussprache mancher Textzeilen, was den Text an sich schon verfremdet.[38] Besonders die Rolle des Pierpont Mauler enthält sprachlich gesehen viele Besonderheiten. Neben dem lispeln spricht er allgemein sehr undeutlich und artikuliert manche Textpassagen auffallend schnell, langsam oder in einer Art Singsang in einer sehr hohen Tonlage.

Die Vorstellung einer vierten Wand kann nicht nur durch die Bühnentechnik gebrochen werden, sondern auch durch die Darsteller selbst. Cridle tritt aus seiner Rolle des stotternden Fleischfabrikanten und erklärt anhand von projizierten Bildern den Zuschauern das Abkommen welches getroffen wurde ganz ohne das charakteristische Stottern.[39] Das Durchbrechen der vierten Wand kommt auch durch die Interaktion der Schauspieler mit dem Publikum zustande. Johannas zweiter Gang in die Tiefe wird dadurch verdeutlicht, dass sie tatsächlich ein paar Stufen hinunter geht und sich zu den Zuschauern setzt. In der gleichen Szene wird der Pianist Jean-Paul Brodbeck kurzerhand zum Schauspieler und übernimmt den Part des „Burschen", der die Kleider des verunglückten Luckerniddle annimmt. Mrs. Slift setzt sich auf den Rand der Bühne und spricht mit ihm währenddessen er hinter seinem Klavier sitzt. Dem Publikum wird so die Illusion genommen es würde einem nicht einstudierten, einmaligen Ereignis beiwohnen. Weitere Illusionsbrüche stellen die Wechsel der Bühnenbilder dar. Der Vorhang wird von den Darstellern selbst auf- oder zugezogen oder er wird angehoben um auf die andere Seite zu gelangen. Im weiteren Verlauf des Stücks tritt Markus Scheumann mitten im eigentlichen Text aus seiner Rolle heraus und spricht direkt den Pianisten an oder kommentiert das Bühnenbild.[40] Er verdeutlicht damit, dass nicht

---

[37] Die heilige Johanna der Schlachthöfe, TC: 00:28:28-00:32:10.
[38] Brecht, Bertold. Schriften zum Theater 3, S. 161.
[39] Die heilige Johanna der Schlachthöfe, TC: 00:30:42.
[40] Die heilige Johanna der Schlachthöfe, TC: 01:28:00, 01:28:59.

Pierpont Mauler auf der Bühne steht, sondern er der den Charakter lediglich spielt ganz nach den Vorgaben von Brecht.[41]

Auch die Verfremdung der Mimik und Gestik ist ein Teil des epischen Schauspiels. Markus Scheumann lässt seine Figur des Fleischkönigs entweder in Posen erstarren oder in unnatürlichen Bewegungen über die Bühne huschen, was als eine Form des Overactings bezeichnet wird. Keine seiner Bewegungen lässt er natürlich aussehen, sondern einstudiert und kraftvoll.[42] Die teilweise choreographierten Passagen haben einen besonderen Effekt der Verfremdung. Während Graham, Mauler und Cridle wie oben erwähnt in einer Szene mehrfache Rollen sprechen bewegen sie sich rhythmisch und synchron von einer Seite zur Anderen. Dies erweckt den Eindruck, dass ihre Körper und der Text den sie sprechen voneinander losgelöst sind und sie selbst wenig Einfluss darauf haben, eher fremdgesteuert wirken was in Verbindung mit den verschiedenen Rollen einen verstärkten V-Effekt hat. Yvon Jansens Spiel als Johanna Dark wirkt gestisch weniger verfremdet. Dagegen ist ihre Mimik und ihre Aussprache sehr überdeutlich und durch die fehlende Halbmaske besser deutbar[43], was entgegengesetzt zur schlecht verständlichen Aussprache und der übertriebenen Gestik von Scheumann steht. Die werkimmanente Stellung der beiden als Antagonisten wird so durch die Bühne für die Zuschauer sinnlich wahrnehmbar gemacht trotz der Wahrung der nötigen Distanz.

4. Fazit

Dass *Die heilige Johanna der Schlachthöfe* nicht das erste epische Stück war, was von Sebastian Baumgarten als Regisseur auf die Bühne gebracht wurde, wird an dieser Inszenierung deutlich. Seine Verbundenheit mit Brecht kommt nicht zuletzt von seiner Assistenztätigkeit bei Ruth Berghaus und Einar Schleef, welche selbst Schüler Brechts waren. Die Verbundenheit zu Brecht und seinem Gedankengut drückt sich vor allem in den Verfremdungseffekten aus. Er nutzt diese V-Effekte in allen Dimensionen und einzeln analysiert erzielen sie wie im Hauptteil herausgearbeitet die gewünschte Wirkung. Seine Interpretation des Werks auf der Bühne ist gekennzeichnet durch sein

---

[41] Brecht, Bertold. Schriften zum Theater 7, S. 36.

[42] Brecht, Bertold. Schriften zum Theater 3, S. 161.

[43] Die heilige Johanna der Schlachthöfe, TC: 00:09:06.

Wissen, um das epische Theater aber auch durch seine Individualität als Regisseur. Eine der Hauptaufgaben des Verfremdungseffektes ist es die Aufmerksamkeit des Publikums nicht auf die Verfolgung der Einzelschicksale zu lenken, sondern eine Distanz zu schaffen um kritisch zu beurteilen. Durch einige sehr überspitzte Darstellungen könnte man denken, dass die Aufmerksamkeit der Zuschauer vom eigentlichen Kern der Problematik abgelenkt wird. Der Einsatz von ethnischen Stereotypen und vor allem des in den letzten Jahren sehr umstrittenen Blackfacings löste eine Welle der Kritik aus, was zu der Frage führt, ob dieser Einsatz der Verfremdungseffekte noch im Sinne des epischen Theaters war. Im Grunde genommen sind Brechts Ausarbeitungen zum epischen Theater immer auf eine bestimmte Reaktion des Publikums ausgelegt und sollen einen bestimmten Umgang mit den behandelten Stoffen herbeiführen. Vor allem in seinem *Organon für das Theater*[44] beschreibt er detailliert welche Reaktionen vom Publikum durch den Verfremdungseffekt gewünscht sind. Was in der heutigen Zeit des Theaters eine wichtige Rolle spielt ist, wie sich die Wahrnehmung des Publikums im Laufe der Jahrzehnte verändert hat. Zu Brechts Wirkungszeit spielte das Fernsehen als Medium noch keine Rolle. Die permanente Verfügbarkeit und Nutzung der neuen Medien vor allem zu Unterhaltungszwecken hat wahrscheinlich eine veränderte Wahrnehmung der Zuschauer zur Folge. Die Nutzer sind an abwegige Darstellungen gewöhnt, Science Fiktion und Fantasy Serien gehören zum Alltag. Unter dieser Prämisse der Dynamik der Publikumswahrnehmung ist Baumgartens Inszenierung durchaus an die heutige Zeit angepasst und auch überspitzte Darstellungen werden als Verfremdungseffekte wahrgenommen und erfüllen ihren Zweck. Es bleibt eine interessante Frage inwieweit sich die Wahrnehmung des Publikums in Zukunft verändern und welche Auswirkungen dies auf weitere Inszenierungen haben wird, vor allem im Hinblick auf das epische Theater.

---

[44] Brecht, Bertold. Schriften zum Theater 7, S. 7-57.

Literaturverzeichnis

- *Brecht*, Bertold: Schriften zum Theater 2. Frankfurt am Main: Suhrkamp, 1963.
- *Brecht*, Bertold: Schriften zum Theater 3. Frankfurt am Main: Suhrkamp, 1963.
- *Brecht*, Bertold: Schriften zum Theater 7. Frankfurt am Main: Suhrkamp, 1964.
- *Brecht*, Bertold: Die heilige Johanna der Schlachthöfe. 37. Auflage, Berlin: Suhrkamp, 2015.
- *Balme*, Christopher: Einführung in die Theaterwissenschaft. 4. Auflage, Berlin: Erich Schmidt Verlag, 2008.
- *Fang*, Weigui: Brecht und Lu Xun: Eine Studie zum Verfremdungseffekt. Pfaffenweiler: Centaurus-Verl.-Ges., 1991 (Reihe Sprach- und Literaturwissenschaft ; Bd. 27).
- *Fischer*, Matthias-Johannes: Brechts Theatertheorie: Forschungsgeschichte-Forschungsstand-Perspektiven. Frankfurt am Main; Bern; New York; Paris: Lang, 1989 (Europäische Hochschulschriften: Reihe 1, Deutsche Sprache und Literatur ; Bd. 1115).
- *Frankhauser*, Gertrud: Verfremdung als Stilmittel vor und bei Brecht. Tübingen: Elly Huth, 1971.
- *Grimm*, Reinhold: Bertold Brecht. 2. Auflage, Stuttgart: J. B. Metzlersche, 1961.
- *Grimm*, Reinhold: Bertold Brecht: Struktur seines Werkes. 4. Auflage, Nürnberg: Hans Carl, 1965.
- *Matzner*, Jutta: Der Begriff der Charaktermaske bei Karl Marx. In: Soziale Welt (1964), H. 2, S. 131-139.
- *Schöne*, Albrecht: Bertold Brecht, Theatertheorie und dramatische Dichtung. In: Euphorion (1958), H. 52, S. 273-296.

Internetquellen

- http://www.duden.de/node/812924/revisions/1313214/view (09.04.2016).
- Springer Gabler Verlag (Hg.), Gabler Wirtschaftslexikon, Stichwort: Entfremdung, online im Internet: 35/Archiv/9626/entfremdung-v7.html (05.04.2016).
- http://theatertreffen-blog.de/tt13/2013/05/14/kunstmittel-oder-beleidigung-vier-stimmen-zum-blackfacing-in-der-heiligen-johanna-der-schlachthofe/#comment-79 (05.04.2016).

Film
- *Die heilige Johanna der Schlachthöfe*. R.: Sebastian Baumgarten. Deutschland: ZDF/3sat 2013. Fassung: DVD. 127min.

BEI GRIN MACHT SICH IHR WISSEN BEZAHLT

- Wir veröffentlichen Ihre Hausarbeit, Bachelor- und Masterarbeit

- Ihr eigenes eBook und Buch - weltweit in allen wichtigen Shops

- Verdienen Sie an jedem Verkauf

Jetzt bei www.GRIN.com hochladen und kostenlos publizieren